TRAVEL
JOURNAL

HALTE DEINE BESTEN REISEERLEBNISSE FEST!

Bibliografische Information der Deutschen Nationalbibliothek: Die Deutsche Nationalbibliothek verzeichnet diese Publikation in der Deutschen Nationalbibliografie; detaillierte bibliografische Daten sind im Internet über dnb.dnb.de abrufbar.

Herstellung und Verlag: BoD – Books on Demand, Norderstedt

ISBN: 9783754349403

INHALTSVERZEICHNIS

HALLO LIEBE
WELTENBUMMLER

Reisen – das bedeutet Abenteuer erleben, die Welt entdecken, mutig sein und viele einzigartige Erinnerungen sammeln, die Dich für immer begleiten werden. Ganz egal, ob Dich Deine Reise ans andere Ende der Welt führt oder nur ein paar Kilometer von zu Hause weg.

Dieses Reisetagebuch hilft Dir dabei, all Deine besten Reiseerlebnisse festzuhalten, damit Du auch viele Jahre später in ein Buch voller grossartiger Erinnerungen eintauchen kannst und diese Erinnerungen wiederaufleben lassen kannst.

Während jeder Reise kannst Du hier Deine persönlichen Lieblingserlebnisse schriftlich festhalten. Das minimalistische Design erlaubt Dir, Dich kreativ auszuleben und den Blick auf das Wesentliche nicht zu verlieren – Deine Erlebnisse.

Bist du bereit? Dann auf zu neuen Abenteuern!

HIER WAR ICH SCHON!
DIE SIEBEN KONTINENTE

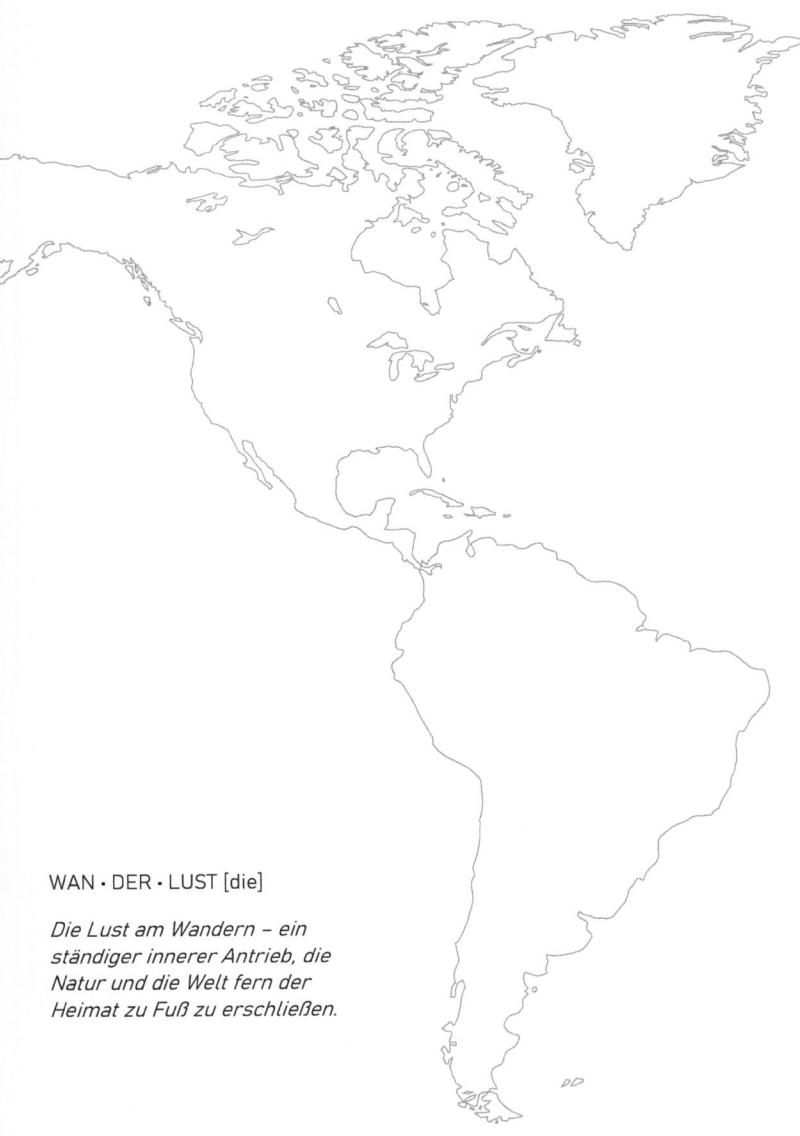

WAN · DER · LUST [die]

*Die Lust am Wandern – ein
ständiger innerer Antrieb, die
Natur und die Welt fern der
Heimat zu Fuß zu erschließen.*

WEL · TEN · BUMM · LER [der]

Ein Mensch, der die Welt bereist,
mit der Reise selbst als Ziel.

FERN · WEH [das]

*Die Sehnsucht nach der
Ferne und fernen Ländern.*

REISEZIELE

Meine Reisen auf einen Blick

NACH

VON	BIS	SEITEN

KURZGEFASST

NACH

VON	BIS	SEITEN

KURZGEFASST

NACH

VON	BIS	SEITEN

KURZGEFASST

NACH

VON	BIS	SEITEN

KURZGEFASST

NACH

VON	BIS	SEITEN

KURZGEFASST

NACH

VON	BIS	SEITEN

KURZGEFASST

NACH

VON	BIS	SEITEN

KURZGEFASST

NACH

VON	BIS	SEITEN

KURZGEFASST

NACH

VON	BIS	SEITEN

KURZGEFASST

NACH

VON	BIS	SEITEN

KURZGEFASST

BUCKETLIST
Was ich noch erleben will

LET'S MAKE MEMORIES

DATUM

ORT

WETTER

ERINNERUNGEN

LET'S MAKE MEMORIES

DATUM

ORT

WETTER

ERINNERUNGEN

LET'S MAKE MEMORIES

DATUM

ORT

WETTER

ERINNERUNGEN

LET'S MAKE MEMORIES

DATUM

ORT

WETTER

ERINNERUNGEN

LET'S MAKE MEMORIES

DATUM

ORT

WETTER

ERINNERUNGEN

LET'S MAKE MEMORIES

DATUM

ORT

WETTER

ERINNERUNGEN

LET'S MAKE MEMORIES

DATUM

ORT

WETTER

ERINNERUNGEN

LET'S MAKE MEMORIES

DATUM

ORT

WETTER

ERINNERUNGEN

LET'S MAKE MEMORIES

DATUM

ORT

WETTER

ERINNERUNGEN

LET'S MAKE MEMORIES

DATUM

ORT

WETTER

ERINNERUNGEN

LET'S MAKE MEMORIES

DATUM

ORT

WETTER

ERINNERUNGEN

LET'S MAKE MEMORIES

DATUM

ORT

WETTER

ERINNERUNGEN

LET'S MAKE MEMORIES

DATUM

ORT

WETTER

ERINNERUNGEN

LET'S MAKE MEMORIES

DATUM

ORT

WETTER

ERINNERUNGEN

LET'S MAKE MEMORIES

DATUM

ORT

WETTER

ERINNERUNGEN

LET'S MAKE MEMORIES

DATUM

ORT

WETTER

ERINNERUNGEN

LET'S MAKE MEMORIES

DATUM

ORT

WETTER

ERINNERUNGEN

LET'S MAKE MEMORIES

DATUM

ORT

WETTER

ERINNERUNGEN

LET'S MAKE MEMORIES

DATUM

ORT

WETTER

ERINNERUNGEN

LET'S MAKE MEMORIES

DATUM

ORT

WETTER

ERINNERUNGEN

LET'S MAKE MEMORIES

DATUM

ORT

WETTER

ERINNERUNGEN

LET'S MAKE MEMORIES

DATUM

ORT

WETTER

ERINNERUNGEN

LET'S MAKE MEMORIES

DATUM

ORT

WETTER

ERINNERUNGEN

LET'S MAKE MEMORIES

DATUM

ORT

WETTER

ERINNERUNGEN

LET'S MAKE MEMORIES

DATUM

ORT

WETTER

ERINNERUNGEN

LET'S MAKE MEMORIES

DATUM

ORT

WETTER

ERINNERUNGEN

LET'S MAKE MEMORIES

DATUM

ORT

WETTER

ERINNERUNGEN

LET'S MAKE MEMORIES

DATUM

ORT

WETTER

ERINNERUNGEN

PACKLISTE
Alles was ich brauche

- ☐
- ☐
- ☐
- ☐
- ☐
- ☐
- ☐
- ☐
- ☐
- ☐
- ☐

- ☐
- ☐
- ☐
- ☐
- ☐
- ☐
- ☐
- ☐
- ☐
- ☐
- ☐

- ☐
- ☐
- ☐
- ☐
- ☐
- ☐
- ☐
- ☐
- ☐
- ☐
- ☐
- ☐
- ☐
- ☐

- ☐
- ☐
- ☐
- ☐
- ☐
- ☐
- ☐
- ☐
- ☐
- ☐
- ☐
- ☐
- ☐
- ☐

- [ ]
- [ ]
- [ ]
- [ ]
- [ ]
- [ ]
- [ ]
- [ ]
- [ ]
- [ ]
- [ ]

- [ ]
- [ ]
- [ ]
- [ ]
- [ ]
- [ ]
- [ ]
- [ ]
- [ ]
- [ ]
- [ ]

- [ ]
- [ ]
- [ ]
- [ ]
- [ ]
- [ ]
- [ ]
- [ ]
- [ ]
- [ ]
- [ ]
- [ ]
- [ ]
- [ ]
- [ ]
- [ ]
- [ ]

- [ ]
- [ ]
- [ ]
- [ ]
- [ ]
- [ ]
- [ ]
- [ ]
- [ ]
- [ ]
- [ ]
- [ ]
- [ ]
- [ ]
- [ ]
- [ ]
- [ ]

KONTAKTDATEN
Wichtige Adressen für Postkarten, Notfälle & Co.

NAME

STRASSE	POSTLEITZAHL/ ORT	LAND

NAME

STRASSE	POSTLEITZAHL/ ORT	LAND

NAME

STRASSE	POSTLEITZAHL/ ORT	LAND

NAME

STRASSE	POSTLEITZAHL/ ORT	LAND

NAME

STRASSE	POSTLEITZAHL/ ORT	LAND

NAME

STRASSE	POSTLEITZAHL/ ORT	LAND

NAME

STRASSE POSTLEITZAHL/ ORT LAND

NAME

STRASSE POSTLEITZAHL/ ORT LAND

NAME

STRASSE POSTLEITZAHL/ ORT LAND

NAME

STRASSE POSTLEITZAHL/ ORT LAND

NAME

STRASSE POSTLEITZAHL/ ORT LAND

NAME

STRASSE POSTLEITZAHL/ ORT LAND

LISTEN

Platz für To Dos, Einkaufslisten, usw.